An Chéad Chló

Imleabhar a hAon

Cathal Ó Searcaigh
a chuir in eagar

Iar-Chonnachta
Indreabhán

An Chéad Chló 1997

ISBN 1 900693 64 X

Faigheann Cló Iar-Chonnachta cabhair airgid ón gComhairle Ealaíon

Clóchur: Cló Iar-Chonnachta, Indreabhán, Co. na Gaillimhe
Teil: 091-593307 Faics: 091-593362
Priontáil: Clóbhuailte in Éirinn

Clár

Jackie Mac Donnacha

Jackie Mac Donnacha

Jackie Mac Donnacha, as Cill Chiaráin, pósta le Frances as cathair Chorcaí. Triúr clainne, Cormac, Deirdre, Seán. Bhain duaiseanna Oireachtais amach le filíocht agus aistí. Roinnt altanna scríofa d'irisí áitiúla. Cuid dá shaothar filíochta foilsithe san iris *Comhar*.
Scríobhann gearrscéalta agus amhráin chomh maith. An t-amhrán "Aislingí" ar an albam *Réalta '95* agus "Lámh an Bhádóra" ar an albam *Réalta '96*.
B'as oileán Fhínse dá athair. Thóg Séamus Ennis amhráin agus seanchas óna sheanathair, Seáin Choilmín 'ac Dhonnacha, óna aintíní Maggie agus Bríd agus óna uncail Cóilín Mac Donncha. Ardmheas aige ar an sean-nós agus ar amhránithe ar nós Joe John, Joe Éinniú, Seán 'ac Dhonncha, Dara Bán, Josie Sheáin Jack srl. An caitheamh aimsire is fearr leis ná iascaireacht slaite.

Mordán

Dá mbeinn im fhaoileán
D'éireoinn
Agus gan stad
Sheasfainn ar bharr
Mhordán maorga

Chuirfinn caidéis ar na néallta
Agus ar na réalta
Agus chraithfinn láimh
le fear na gealaí

Ní hin m'éadan
I ndrúcht draíochtúil
na maidine
Thriomóinn sa bhfraoch
Agus sa bhfiataíl

Amharc aerach
Soir, siar, thuaidh, theas

Thógfainn pictiúr le mo shúil
Réalóinn im intinn
Agus
Thaispeánfainn don domhan mór
A bhfaca mé

Roy Rogers agus na hOutlaws

An-scannán sa halla beag anocht
Cúpla Ríoga na linne
Roy Rogers agus a chapall mór bán.
Agus gan an scilling againn i gcomhair an dorais.

Ach níor stop sin muid!
Plainc mór n'aghaidh an bhalla
Faoin bhfuinneoig taobh amuigh
Roy Rogers ar an gcapall mór bán.
Ar tí na houtlaws a cheansú
Muid ar sceitimíní
Nuair' lonradh lóchrann solais
Inár súile

Sciorradh go talamh,
as go brách linn.
An cnoc amach a thug muid
Agus é inár ndiaidh
le solas láidir.
Thug muid seans dó theacht níos gaire.
Agus ansin do na boinn aríst.
Fuinniúil.
Go ndeachaidh muid amú air
In Aill an Eidhinn.
Bhí sé fánach aige breith orainn!
Capall nó gan capall.

San halla beag,
Roy Rogers ina ghlóire,
Na houtlaws ceansaithe.

Sa gcnoc
Muide inár nglóire
Na houtlaws saor fós
I measc na gcarraig
In Aill an Eidhinn.

Tobar an tSaoil

Baibín Toole, Barbara Phaitsín, Grace Churraoin.
Go sócúlach ar chnocáinín féar ghlas
le m'ais
A gcuid buicéad lán le m'fhíoruisce
A gcuid gasúr ag léimnigh thar dhraein
A bhí ag leathnú le gach ionradh taoille
Aineolach ar an saol a bhí le theacht

An comhrá agus an spraoi thart
Gach bean ag tógáil a buicéad fhéin
Baibín ag gabháil soir
Barbara ag gabháil siar
Grace ag gabháil ó thuaidh
An crompán goirt ó dheas,
Crompán a' Mhaide
Leanfadh a gcuid gasúr iad ar ball
Go macánta.

An sáile goirt im bhéal
Taoille ard an rabharta.
John Phaitsín dom' thaoscadh go grinneall.
Dash aoil –
Mé glan agus ag líonadh aríst
le m'fhíoruisce.

Brúchtadh mórtais!

Baibín, Barbara, Grace, a gcuid comhrá déanta
A gcuid buicéad lán
Ach iad uilig ag gabháil siar an uair seo

Go garraí Mhártain
Leanfadh a gcuid gasúr iad ar ball
Go macánta,
Cuid acu cheana fhéin!

Ní raibh namhaid agam ariamh.
D'fhreastail mé ar na ciníocha
Cléir agus tuata.
Mhaolaigh mé tart na mbeithíoch.
Thug gasúir scoile cuairt orm gach lá.
Faoi dhó nó faoi thrí
"laethanta áirithe".
Urraim agus ómós dom.
Agus dhóibh.

Díláithriú,
Féinchaomhnú,
Forlíonadh!

Táim ar creathadh anois roimh
Thruailliú.
Mo chomharsana béal dorais
Ola, gás, ór, uranium . . .
Iad sealadach
Mar bhí na mná agus a gcuid gasúr.
Fiú mo ghaolta
Ar sheilfeanna ollmhargaidh
Sealadach

Is furasta mise a chaomhnú
Cé nach bhfuil mé luaite i mBunreacht na Tíre.
Taoscadh,
Sciúradh,
Dash aoil . . .

Impím oraibh
A chlann an lae amáraigh.
ó smior na talún
ó lár chroí na Cruinne
Scairtim oraibh!
Is mise an Saineolaí.
Tobar na Síoraíochta!
Tobar Chrompán a'Mhaide!
Tobar an tsaoil!
Coinnigh glan mé.
Agus beidh mise.
Agus sibhse.
Fíor.

Exodus

Táim cinnte gur lig
Noah isteach san Airc thú
mar ainmhithe
agus éanlaithe eile.
Bhí méit agatsa
freisin,
Agus b'fhéidir
méit eile.
Le síolrú
Le scaipeadh
An domhan mór
mar nead.

Bhí mé báúil leat
mar níl nóta amháin
i mo dhrad
Bhí dhá nóta agatsa
Is cuma go raibh ceann acu
Flat.

Níor úsáid mé "Combine"
Ní raibh agam
ach speal.
An raibh mé chomh místuama
Go ndearnas praiseach
de do nead.

D'fhág mé an fiántas
'na fhiántas
le súil go gcloisfinn

do scread
An glór nach dtuigtear
Is cuma ann
nó as
Ach b'fhearr liomsa,
cé nár thuigeas do ghlór,
Tusa ann
Ná as!

D'fhág ár sinsir againn thú
Rinne siadsan ceart
Níl mise in ann
tú a fhágáil
ag an dream atá fós anseo
Gan trácht
ar an dream atá
fós le theacht.

Ar scairdeitleán Rialtais
nó soithí ag dul thar lear
A bhuail ar an mbealach
tú
Ar do thuras
ar ais.
Nó bainisteoir bainc
a thug iasacht ró-éasca
mar gur theastaigh maisiú
uaidh fhéin
agus ón mbean.

Bhí do ghlór i dtiúin
le faobhar speile
Ní raibh aice-se ach
dhá nóta freisin.

D'imigh an speal
níor fhill tusa
Ar cúmha speile
Deire
duitse?

Is fearr cara sa gcúirt
ná punt sa sparán!
Dá mbeadh cara agatsa
sa mBruiséil
Bheadh teach ag
Traonach
ar chuile
chnocán.

Ach ní raibh dóthain áite
sa domhan mór seo
duitse.
Ní raibh brabach ar bith
i do ál.
An choiscéim bheag sin
ar aghaidh
ar an ngealach
Ar amhóg ar gcúl
a bhí ann?

Dá bhfanfá
fiú cúpla bliain eile,
Tá deontas anois
an féar a bhaint
ón taobh istigh
amach,
Ach déanadh dearmad glan
inseacht duitse

Nuair baineadh an féar
ón taobh amuigh
isteach.

Ar teachtaire uafáis
bhí ionat
Ag tabhairt faisnéise faoi shaol
atá i ngeall le bheith thart.
Dá dtuigtí an dá nóta a bhí agat
An mbeadh fáil againn
an scrios deire
a sheachaint
ar fad.

Ar mairtíreach eile
tusa
le brabach níos mó
bheith ag fear
le maisín níos nua-aoisí
a cheannacht,
Agus píosa a chur soir
agus siar
agus suas
as a theach.

Is cinnte go raibh tú ann
roimh an Díle
Na mílte bliain
Na mílte míle
luachmhar, meanmnach
suáilceach dáiríre.
Tá a mbreith tugtha
ag fir deire an chéid seo
Deire ré

duitse
Roimh dheire
an mhíle.

Má thagann lá eile
amárach
Beidh do phictiúir beag gleoite
i ngach teach.
Ach an mbeidh athair
in ann inseacht dá pháiste
"Is mise a rinne praiseach den nead".

Níorbh fhéidir linn éan beag
a chothú
i dteachín beag bídeach
mar nead.
Tuigim anois do
dhá nóta
"Scrios" agus "Slad"
do dhá scread.

Nach suarach truamhéalach
an mac an duine.
Tá sé anois ag feadaíl
agus ag ithe mine,
Ag impí ar éan
nach bhfuil ann a thuilleadh
teacht ar ais aríst
len' é mhaslú
tuilleadh.

Gaineamh Séidte

An lá ar cuireadh Cóilín Fhínse
Níor chaoin aon duine.

Ar bhealach eicínt níor fheil sé
go mbeadh gol ná olagón
Ar shochraid an tseanfhir aerach

Ach bhí seanbhean i measc an tslua
Ar éalaigh braon mór síos le fána
A héadain iomaireach
Mar mhoghlaeir cloch
Ag sciorradh le fána cnoic

Oiread na fríde de smaoineamh
b'fhéidir
A rinne a bhealach aniar
Trí bhóthar caol casta
na mblianta
na haoise
Agus a chaith amach anois
mar dheoir ghoirt
Ar fhéar glas
Reilig Mhaínse

Níorbh é an áit é le
"Up McDonagh"
A rá
Nuair leagadh síos é
le taobh a dheirfíre
I ngaineamh mion mín bán

na Reilige
Nach gcloistear torann cloch ann
Ar chónra
Nach dtiteann créafóg
Ar adhmad

Ach an rud nárbh fhéidir
Tharla sé gur fháisc deora goirte
As croí na gcloch glas
Sa timpeall
Agus chrom an t-oileáinín beag bánaithe
A cheann
gur leag a bhathais
ar an bhfarraige
le cumha
I ndiaidh a mhic

Bhí an Flowerín* dá luascadh fhéin
síos
agus aníos.
B'ise an bhean chaointe

Thug Máire Rua* sólás di
le leagan láimh'
Agus dúirt;
"Níl fágtha anois
Ach tusa
Agus mise.
Agus mairfidh
muide
go brách."

* *Dhá amhrán a chum an seanfhear agus atá anois ar téip.*

Rody Gorman

Rody Gorman

Rugadh i mBaile Átha Cliath i 1960. Cónaí in Innse Gall ó 1987. Cnuasach Gàidhlig-Béarla, *Fax*, Polygon, 1996. Cnuasach Gàidhlig-Gaeilge ar na bioráin (Coiscéim). Ábhar leis foilsithe i *Comhar*, *Cyphers*, *Innti*, *Poetry Ireland Review* agus *The Honest Ulsterman*. In Éirinn i 1996 ar Thuras na bhFilí Albanacha. Baint aige le foclóireacht agus le múineadh na Gáidhlige. Eagarthóir Gáidhlige *New Writing Scotland*.

Turas chun na Breataine Bige

Bhain muid amach (go moch!)
Lllanfairpwllgwyngyllgogerychwyrndrobwllllantyss
– iliogogoch.

Deoir

Ní theilgfidh mé deoir, a stór
Nuair a imíonn tú uaim anocht
Is ní gá dhuit bheith buartha óir
Beidh mé diongbháilte, beidh agus docht
Ach má thagann sé go dteilgfidh mé deoir
Ní ort fhéin a bheas an locht.

Paidir Chapaill

B'fhearr liom paidir ag capall
Ná briathra ag sagart
Agus iad díreach dhá gcogaint
Os comhair an phobail
Agus a n-aire b'fhéidir
Ar rás a trí i mBaile na Lobhar.

Carraig

Bhí mé im charraig sceirde
Ar amharc an oileáin
Le mo linn

Agus bhéarfainn dúshlán na farraige
Nuair a shnámhfainn ar thóir na gaoithe
Im bhád thar theorainn an chuain

Ach tháinig tú fhéin, a stór
Gur thóig tú droichead idir mé is tír mór

Agus chuaigh líon an éisc
A bhíodh amuigh sa gcuan i ndísc

Gur shleamhnaigh mé uait le béal na hoíche
I m'iascán faoi scáth na carraige.

Doire Iúir

Tóigeadh m'athair
Idir sliabh agus coill i nDoire Iúir,

Áit ar imigh an talamh thart timpeall go riasc
Nach mbeathódh naosc

Agus nach ndearna mé triall uirthi ná turas
Leis na cianta cairbreacha anuas

Go dtí an lá ar sheas mé gar dhon uaigh
Agus máthair m'athar dhá hadhlacadh

Agus ar mo bhealach ar ais stad mé meandar
Le taobh an bhóthair

Achar beag ar shiúl ó bhéal an bhotháin
Ar chaith mé cuid de m'óige ann

Agus d'fhan mé tamall faoi scáth na gcrann
Agus an teach os mo chomhair amach gan aon cheo
as a cheann

Nó gur éirigh aon tsolas ann
Agus an lá ag tréigean

Agus thriall mé liom ar mo chuairt
Sa dorchadas gan chuartaíocht.

Cumarsáid

Is maith a thuigim ar do chaint
Go bhfuil muid líofa beirt
I dteanga nach dtuigeann muid ceart.

Dhá Shlí

Bíonn tusa ar do shiúl
Agus an ghaoth is an ghrian le do chúl

Fad is a bhím fhéin faoin sliabh is faide thall
Ar iomrall

Agus ag titim le bruach na habhann
Agus mo shúil agam ar an spéir i gcéin

Ach buailfidh an dá shlí ar a chéile
Luath nó mall
Nuair a bheas an ghrian ar shiúl
Agus an ghaoth ar chaon taobh dhínn a dhul i ndéine.

Colette Ní Ghallchóir

Colette Ní Ghallchóir

Rugadh Colette sa Ghleann Mhór sa Ghaeltacht Láir i dtús na gcaogaidí. Bhog an teaghlach go Gaoth Dobhair sna seascaidí. Oileadh mar mhúinteoir i gClochar Bhantiarna na Trócaire í, áit ar léigh sí nuafhilíocht na linne.

Foilsíodh dánta léi i *Poetry Ireland*, *An tUltach*, *Force Ten*, *An Gealach Lán*, *Litir* (iris scríbhneoirí Leitir Ceannainn) agus *Litir na mBan.*

Chuir sí a cuid filíochta i láthair freisin ag Poets Platform '91, Poets Platform '92 agus ag féile an Verbal Arts. Fuair sí ainmniúchán don Pushkin Educators Award i 1996 as scríobh na filíochta a mhúineadh do pháistí.

Tá sí ag teagasc anois i Leitir Ceanainn.

I nGairdín na nÚll

Dá mbeinn óg arís
Is tusa óg arís
I nGairdín na nÚll

Do bhronnfainn ort
An t-úll ba dheirge
Ar an gcrann

Go bhfeicfinn
An tsolas
Mar lasair thintrí
i do shúile.

Bheadh fuaim
Na Toirní
Amuigh adaí
idir na hAchlaí

'S muidne
Ar ár suaimhneas
Ag dáileadh na dtorthaí
b'aibí ar a chéile
Ceann ar cheann.

Diúltú

Ní thig leo mé a chloí
Ní thig
Brisfidh mé amach
Mar fhéir ar tuí
Mar bhiolar ag fás ar chlasán
Nó dalta an ghabhair bhradaí
Íosfaidh mé an féar glas
Ar bharr na Screige go fóill.

Antain

Uaigneach
Uaigneach
thú anocht, a Antain
i bhfad ó bhaile

Do chnámha a bhí aclaí tráth
Sínte fuar anocht
Ar mharmar i mBristol

Cuirfear thall é
Dúirt an Raidió
Ar fhód a bháis.

Ní fheicfear a chónair
Ag sníomh siar
ar bhealach chúng na locha
Ná muintir a mhuintire
á chaoineadh
Sa reilig úd cois cuain.

Sáifear síos é
'gcréafóg fhuar na gcoimhthíoch

Maith dó, a Dhia, a chionta
agus maithfidh seisean duitse
a phearsanacht agus a nádúr.

An tAmharc Deireanach

Bhéarfaidh mé an t-amharc deireanach thart,
a dúirt sí
Ar pháirc an droma
ag titim anuas ón Screig
Ar an Abhainn Fhia
's í ag cogarnaigh le Cruach an Airgid
Luífinn anseo go suan
a dúirt sí
Ach caithfidh mé a bheith curtha leisean
i mbéal na trá.

Praghas

Screadann na lachain
fianna os ard é

Ceolann giolcaigh na
locha é

Ach suíonn tusa ar
do nead theolaí
Agus ní admhaíonn
tú ár ngrá
Ar eagla do mhillte.

Caisleán an Uaignis

Is tusa mó Screig
Ní féidir liom tú a shroichint,
Tá mé 'mo luí clóite anseo
Ag páirc an droma

Fadó is mé ag na domasaigh
Ba chuma liom beocht ná beatha

Chonaic mé tusa
Bhí 'fhios agam
Go léimfinn thar chlaíocha
Threabhfainn fríd shraith loing
Go ngoidfinn thú amach
as Caisleán an Uaignis.

Grá Idir na Cnoic

Shamhlaigh mé
Gur thit
Cnoc Fola agus Taobh an 'Leithid
i ngrá le chéile

le titim na hoíche
Bhogfadh siad in éadan a chéile

Ach sular chuir
mé peann 'chun páipéir?
Thit siad amach
Chuir sin deireadh le mo dhán

Philip Cummings

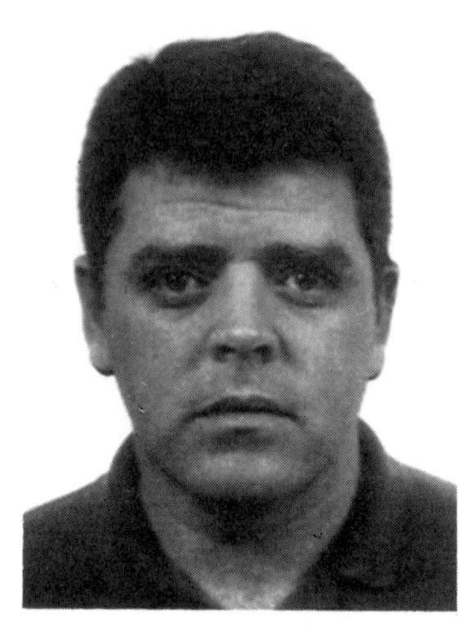

Philip Cummings

Rugadh é i 1964 i mBéal Feirste, áit a bhfuil cónaí air go fóill. Fuair sé oideachas i Scoil Naomh Mhuire agus in Ollscoil na Banríona, agus rinne sé iarchéim le déanaí in Ollscoil Uladh, Cúil Raithin. É ag obair anois san ollscoil.

Ba i nGaoth Dobhair a chuir sé snas ar an Ghaeilge a d'fhoghlaim sé ar scoil, ach bhí an teanga san fhuil aige mar ba chainteoir dúchais ó Oileán Reachlainn a sheanmháthair.

Dánta agus prós leis foilsithe i *Comhar*, *An tUltach*, *An Dubh Thuaisceart*, *The Honest Ulsterman*, *Poetry Now Regional Anthologies*, *Arrival Press Anthology*, *Lá*. Píosaí greannmhara scríofa aige do The Irish News, B.B.C. Radio Ulster (*Goitse*) agus R.T.É. (*Ecu-Ecu*).

Mórchuid Caca

Fir na scéal mo thóin!

Cheannaigh mé gloine fíona dó
i ndiaidh léamh sa Chumann,
oíche a fuair sé faoiseamh
i measc mo dhaoine.
Níor mhair an faoiseamh ach seal
ach ba mhilse é dá thairbhe.
Is dual don duine bheith sealadach
is ní fiú clamhsán leis.

Agus níl ár laochra imithe,
tá siad thart orainn go fóill:
máthair ag tógáil clainne
lánfhios aici go dteithfidh siad ón nead
duine i ndiaidh
duine;
athair ag sclábhaíocht ó dhubh go dubh,
ag díol a óige le monarcha dhuairc;
nia ag clochú a aghaidh a chéad lá ar scoil;
seanbhean ag fáiltiú an bháis
aoibh ar a beola.

Tá ré na bhfilí imithe áfach,
guím nach dtiocfaidh sé ar ais choíche.
B'fhearr liom seacht n-oíche a chaitheamh tigh Charlie
le mo cheird a fhoghlaim
ná seacht mbliana fada fuara,
ag cumarsáid leis an dorchadas,

ag streachailt le rialacha daingne,
ag brú céille ar mheadaracht casta.

Tá rialacha inaithnide ag baint le saorvéarsaíocht,
áfach,
an príomhcheann acu ná go gcaithfidh duine éigin
íoc aisti
seachas an fear a chum í.

Uiscí Reatha

Ag amharc trí abhainn
ar an spéir,
mar nach fiú mé go n-amharcfainn go díreach
ar an spéir
nó gur chreid mé an tráthnóna sin
nárbh fhiú mé,
nochtadh dom gur ón spéir
a tháinig an abhainn
is gur chun na spéire
a rachaidh sí,
agus guím,
is mé ar bhruach na habhann
ag stánadh tríthi ar an spéir,
go mbeidh mé san abhainn
nuair a fhágfaidh sí an domhan seo,
nuair a fhillfidh sí
chun na spéire.

Eireaball

do Shéan

An uaitse na físeanna a fháiltím?

Go raibh maith agat, a mhúinteoir,
mar cé nár tusa a chum mé
tusa a dúirt é
agus creidim thú
go háirithe nuair a bháim
Sasanach sa loch,
go háirithe nuair a scaoilim
naomh nó leanbh,
go háirithe nuair a leagaim
crann inár nochtadh dom aghaidh Chríost,
go fíor háirithe nuair a bhrúim
coróin dheilgneach ar a cheann
agus
go really háirithe nuair a shuím síos
liom féin
ar an trá
ag cuimilt na gcloch,
ag éisteacht le toirneach na dtonnta,
ag meabhrú faoi bhrat na réaltaí,
is ag fanacht ar an mhaidin.

Deochanna

Agus mé óg
ba ghnách liom fínéagar a ól
go díreach ón bhuidéal,
ach, ar theacht in aois dom,
thiontaigh mé chun an fhíona.
Anois,
agus mé leathshean,
blaisim arís den deoch searbh
mar gur tairgeadh dósan é
is go bhfuil mé réidh
lena dhiúltú.

M.L.K.

B'fhéidir nach raibh mé go díreach ina thír gheallta
ach, dar fia, bhí mé sa pharóiste béal dorais
an dá lá úd a shiúil mé thart ar chósta thuaidh
contae s'agamsa
ag scanradh coiníní le pléascadh mo bhróg,
ag scanradh caoirigh le solas mo thóirse
is an oíche do mo scanradh
nuair nach raibh sí do mo mhealladh.

Is mé sa teach tábhairne seo
ní fhilleann ach dornán de phictiúir shoiléire:
an ghaoth chomh láidir sin gur phóg an cáitheadh
m'aghaidh
is mé suaimhneach in uillinn an bhóthair
trí chéad troigh os cionn na farraige;
solas na gréine ar thonnta Phort Rois,
tonnta a bhí ag taisteal i dtrí treo ag an am amháin,
chugam, uaim agus liom;
caillte leath-bhealaigh suas Fair Head,
tréigthe idir an spéir is an fharraige
go dtí gur tháinig mé ar chosán
a threoraigh chun an bhairr mé,
áit chónaithe fir a raibh aithne aige ar mo mháthair
mhór;
crannóg i lár locha,
oileán ar oileán,
an oíche ag titim,
dúil dul a chónaí ann is gan filleadh,
glór a thabhairt dó ar mo dhóigh féin,
ach go bhfuil an cac sin, nó an cac eile seo

le comhlíonadh agam ar dtús,
eagla orm nach mbeidh fáil agam teacht ar ais,
go mbeidh cac éigin le comhlíonadh agam choíche.

Dornán de phictiúir shoiléire
ach beidh an turas liom go dtí an uaigh.

Séamas

Col ceathar dom, twice removed.
Ar dtús chuaigh sé go dtí na Stáit Aontaithe,
ansin chuaigh sé isteach sna hÓglaigh.
Mar a dúirt mé, twice removed,
agus ba mhó an t-athrú intinne
ná an t-athrú tíre.
Ach b'eisean a theagasc dom tarracóir a thiomáint,
b'eisean a threoraigh mo lámha is mé ag blí na mbó,
b'eisean a thug mé ag cruinniú smeara leis
fadó, fadó ar maidin
nuair ba ghasúir sinn
agus b'ionann an bás agus sionnach ar thaobh an bhóthair,
agus b'ionann buairt aigne agus cad é mar a theanga a bhaint de
leis an airgead a fháil ó na póilíní.
Na póilíní,
a choinnigh a chorp i bpáirc ar feadh lae iomláine
is iad ag cuardach bobghaistí i smidiríní an tarracóra.

"Oh, tá tú i mBéal Feirste, a Shéamais?
Ag déanamh cúrsa innealtóireachta sa Tech?"
Is dócha gur theip air
mar a theip ar an bhuama a spréigh a chnámha
thart ar pháirceanna ár n-óige.

Teach na nGealt (nach maireann?)

Eagla ar pháistí ina gceantar dúchais,
saighdiúirí armtha ag siúl inár sráid,
bithiúnaigh mhire ag marú na ndaoine,
boladh an bháis ó achan áit.

Ar mo shonsa, deir siad, atá siad á dhéanamh,
is ar son na nglún nár tháinig go fóill.
Níor iarr mise orthu daoine a mharú
ná brat fola a chur thart ar oileán Fáil.

Scrios an fear seo teach
is an fear úd carr nó siopa,
is leanann siad leo ag scriosadh na tíre,
agus leanfaidh siad leo go ndéarfaimid stad.

Ag amharc siar i gcónaí tig fiar ar do shúile
is ní fheiceann tú aon rud mar ba cheart,
ag comhaireamh na mílte a mharaigh an namhaid,
is galar é gach rud a chuimhneamh go brách.

Diarmuid Johnson

Diarmuid Johnson

Rugadh i gCaerdydd na Breataine Bige i 1965, agus tá fóide dúchais eile a mhuintire 's a chlainne i ndeisceart Thír Chonaill, i nGaillimh, agus sa mBriotáin.
Ina óigfhear dó, shiúil Gaeltachtaí na tíre, bhain céimeannaí amach. Fear mion– agus mórtheangacha, léachtóir ollscoile i dtrí thír, ceoltóir agus aistritheoir, chaith bliain in Árainn ag cur faobhair ar a pheann, tar éis sé bliana ar mhór-roinn na hEorpa.
Suim aige in éanlaith, i bhficheall, i gcaitheamh aimsire a bhaineas leis an bhfarraige, i dtaisteal, i seanchas agus i nuachas, agus i ngnéithe de chultúir bhundúchasaigh Mheiriceá.

An Fharraige Fhiaclach

An fharraige fhiaclach, an díle dhiamhrach
Borradh gan anam, bris thobann,
Búir allta ag breith ar thalamh.

An fharraige fhiaclach, an tuile líofa,
Bealach na mbó fionn, na mbarc crom,
Siúlann grian ort trí na blátha bána.

An fharraige fhiaclach 's ancairí in íochtar:
Bruth ainnis, maighdean tláithchnis,
Eitlíonn éin trí do thaobha,
Cuimlíonn na heití do chíocha.

Scáthán na réalt thú, liúrach na séad,
Gluaiseann gealach trí do bhroinn
Gan bheann ar eangach.

Do ghrua glas is fuar, fuar,
Is deorach do chuid sáile,
Tá dlaoi gan cheangal ort anocht
'S do chúilín scuabach ag cáthadh.

Ach tabhair don long cead seoil,
A mhaidhm, a pholl chaoch na gcnámh,
Bí don soitheach i do leaba,
Lig don chíle greadadh,
Go dtéadse anonn,
Go dtriomaí tonn,
Go bhfáiscead chugam mo leanbh.

Cois Fharraige

Is deas a shínfinn mo thaobh
Cois fharraige seal síos,
'S mo chnámh ar an gcladach breac,
Cluais agam le cuisle taoille.

Is deas a chuirfinn díom néal
Áit ar clos breacthost tonn 's flaithis,
Gile ar ghile na ndúl glé,
Seol buí, gob a bháthadh sa tsáile.

Tá cosán dearg ar chlár m'aigne
Ag crotaigh, ladhráin 's clann an chladaigh,
Tá eascann i linn mó shúl
A bhéas gan cheansú ag briathar feasta.

Is deas a phógfainn a caoinucht,
Mo chéadsearc, ríon na mara,
Ligfinn mo chiall lena sruth,
Ar a leaba shínfinn go balbh.

Tá mo bhlaosc ina chró caoch,
An smior ionam anocht ag fuarú
In éagmais chruauiscí an chuain
Ina mbáthainn fadó riamh mo chúram.

Cois fharraige seal síos
Mo chnámh is deas a shínfinn
Go lionfaí as an suan sámh
Soitheach an bheo, soitheach an aoibhnis.

Inis Mór Manhattan

Oileáin sceird an fhómhair bhig:
Cnámh i mbéal chuan Connachtach –
Beirtreach don fhocal Direánach.

Fios gach foinse don treibh ba dhual
Gach braon le saothrú le dua
A ngleic ghéar de réir na ndúl.

Feasta ní dearóil ár ré,
Ó thug muid cúl le cloch 's le céibh
Ó d'fhág muid an aill ag an éan.

Gan bháthadh faoi mhaidhm toinne,
Gan snaidhm i mbolg clainne
Ina mhaide ar dhroim duine.

Oileán sceird an fhómhair bhig,
A leac fuar ba leaba naomh,
Fuar, fuar le cian faoi m'thaobh.

Rónán, Éinne 's Mac Dua
Ar an leic ghlas ag síneadh a dtaobh,
Fuar, fuar a luíodar riamh.

An t-oileán seo gan fód gan mhuir
Baisteadh ann mé le huimhir:
Geal liom gach maidin ó shoin.

Geal nach in aisce mo ghleic
Tuar fómhair a choiglíos spreac –
Dearóil an t-oileán thiar gan raic.

Feabhra

An scaltán gobach, is gearr go scoilte blaosc,
Blaosc bearnaithe, smiongar,
Feasta ní saol go heitilt,
Tar éis síorthnútháin,
'S truisleáil ó chraobh go craobh.

An scaltán, an bhachlóig:
Mín t'oscailt, géaga síoda,
Múscail tar éis an geimhridh
In áit gan solas.

Bearnaigh, múscail,
Fógair réim earraigh,
Bodhraigh an gleann le mian.

Sin, nó éag,
Traochadh gan bhuíochas,
Ag longadáil ó dhubh go dubh
Go fuaim na creille, go múchtar mian.

Fógair dúshlán spéir 's flaithis,
Sin nó éag,
Seol stríocthaí, spól spíonta
Troid treall, codail seal,
Mol fós luí na gréine.

Eanáir caite, Feabhra bearnaithe,
Dhubhaigh mo ré,
Chruinnigh néalta ráithe, misneach tráite,
Cá gcloisfead búir na beatha,

Bodhrántacht toinne trá,
Briathar i scornach allta,
Ag bearnú, ag bodhrú?

Stoirm Lúnasa

Sianaíl na gaoithe anocht
Gearr ó caitheadh féile Lúgh:
Faraor gan mo ghrá le m'ucht
Speal na gaoithe is dradnocht.

Spriollaireacht bháistí aduaidh
Gearr uainn lomadh crann, duilliúr rua:
Breacfaidh lá, tine faoi chroch,
Fáiscfead folach le cliabhrach.

Meirbhshuan, samhradh síor,
Scaip sin ó srathraíodh stail Lúnasa:
Seitreach agus crúbaíl sa gcoill
Go dtaga féile Mhichíl.

Sianaíl na gaoithe anocht –
Ráithe seo an tsamhraidh is dubh:
Buachailleacht bó (glas na cnoic!)
Ar aimsir dhom dá héagmais.

Baintreach Fir

Ní fada ó bhíos-sa slán,
Dubh mo mhullach, caol mo chnámh –
Scuablag feasta mo dheasláimh.

Ní fada ó thréig mo lúth,
Talamh 'gus muir le ceansú –
Láí ní thógfad, ná dorú.

Ní fada ó d'éalaigh grá,
Meall crua i mo cheartlár,
Trí bliana tr'éis bhás mo mhná.

Ní fada mo theallach bán,
Inné altú bia 's aráin,
Mo chuid anocht gan anlann.

Ní doicheall go leaba istoích'
Gan chneas mín liom go leanbaí,
Ná hosna, ná cogarnaíl.

Ní fada ó shín sí siar
Gan aithne, faoi láimh an lia –
A lot níor chneasaigh, faraor.

Ceann Bóirne

Ceann Bóirne os cionn bóchna,
Ró-aoibhinn tráth néal nóna,
Dúghorm mara, grian órga.

Ceann Bóirne os cionn bóchna
Sileann na flaithis deoir ann
Scaoileann brat ar chlár Árann.

Minic a sheasas ann gan chor,
Sáile ag súthadh ag gob creige,
Gur leath aníos tríom féith na cloiche.

Feadaíl ghaoithe in áit gan daoine,
I gcathair ghlas luibhe 's lus:
Siar ó thuaidh, fuil na gréine dórta.

Ailbhe

I

Sneachta faoi Mhárta, snua páiste,
Gile ar ghile, maidneachan 'na fáinne,
Snáth máthar, snaidhm áthais,
Snoí, 's néal i mbéilín álainn.

Sneachta faoi Mhárta 's breith Ailbhe,
Gile ar ghile leáite 'na chéile,
Gruasholas, griansholas dallta,
Cóta bán ar naí 's ar thalamh.

II

Luisne fómhair 's baisteadh Ailbhe,
Dias crom, meas trom,
Buíghoirme maidneachan
Ag tuile in umar an ghleanna.

Coinleach bhuí áit ar baineadh barr,
Gan siolla gaoithe ná dlaíóg scamaill,
Luisne Lúnasa ar leiceann goirt,
Péarlaí drúchta ar bhaithis na talúna.

Suan

Suan ní thiocfaidh faoim' dhéint,
Ní ligfidh liom glac dá spré,
Taoscán dá thromdheoch mhearbhallach
Ná leide dá anaíl, mo léan.

Suan ní thiocfaidh liom síos,
Ní roinnfidh liom cailís na hoíche,
Ní bhogfaidh dhom cliabhán mo chinn
Ní chuirfidh cluain ar dhúiseacht chríon.

Ní chrochfaidh an laiste thíos
Ar mo theallach go ndéanfaidh suí,
Ní ghlaofaidh de bhriathra binne
Go scaoilfeadh scéal néal faoim' thaobh.

Ní chaithfidh eangach tharam le sruth
Flosc na smaointe seal le cosc,
Ní cheansóidh an eascann lúbach, mhear
Atá gan chónaí i stopógaí na haigne.

Suan ní leathfaidh im leith
Ina bhrat liath, ina cheo sléibhe,
Ag séalú go híochtar gleanna
Go múchfadh macalla na nglór.

Gan bhrat bláfar, ná snáth caol, éadach mín lín
Gan cumhra úrtais úll ar chraobḥ,
Ach fuaraíocht seanphluide 's allas tríd,
'S bográmhailtí mar chairde dhil.

Cúirt ní ghairmfidh anocht
Rí an duifin san áras seo:
Le méanúch lae, mo chú ar iall,
Tóród a lorg tréigthe.

Tarlach Mac Congáil

Tarlach Mac Congáil

Rugadh i 1976 i mBaile Átha Cliath, ach chaith sé formhór a shaoil go dtí seo i nGaillimh.

Tá sé ina mhac léinn le Dlí agus le Fraincís i gColáiste na hOllscoile Gaillimh, agus tá dúspéis aige san iriseoireacht, i ngach cinéal litríochta, i dteangacha agus i gcúrsaí reatha.

Chaith sé an bhliain acadúil 1996 – '97 i bPoitiers sa Fhrainc agus d'oibrigh mar chomhfhreagraí idirnáisiúnta leis an nuachtán *Foinse* le linn na bliana sin. Bhí sé ina eagarthóir ar *Óglachas* i 1994 – '95, irisleabhar a fhoilsíonn An Cumann Éigse agus Seanchais, Coláiste na hOllscoile, Gaillimh.

Tá roinnt mhaith duaiseanna litríochta bainte aige ag Slógadh agus ag an Oireachtas agus foilsíodh cuid dá shaothair i *The Irish Times, Innti, Comhar, An tUltach, Anois, Moycullen Matters.*

Gaois an Pháiste

Sa seomra bhí caint chabach, challánach, chúil.
Ssssh! An gcloiseann tú sin?
Cogar páiste ag nochtadh tuairime.
Éist leis meandar,
Céard atá a rá aige?
Níl a fhios againn mar táimid bodhar
Ó bheith ag malartú baoise le daoine fásta.
Tuairim leanbaí, b'fhéidir, inniu,
Ach coincheap intleachtúil, réabhlóideach,
Deimhneach amárach.
Seoid bheannaithe í,
Saibhreas naofa inti,
Gaois álainn ó bhéal páiste.
Is buan a macalla!

Gnáthdhaoine

Tá gnáthdhaoine thart timpeall orainn.
Tá siad ina gcónaí i ngnáth-thithe.
Tá gnáthshaibhreas acu, gnáthshlite beatha.
Tá gnáthspéis acu i spórt, i gceol agus i gcúrsaí polaitíochta.
Tá gnáthghráin acu ar dhaoine a imríonn cos ar bolg ar dhaoine eile,
Agus tá gnáthlónta cogaidh i bhfolach ar chúl a ngnáthfheirmeacha.
Is le gnáthsceimhlitheoirí na gnáthlónta cogaidh seo.
Fágtar ann iad le toil na ngnáthdhaoine seo atá thart timpeall orainn:
Damnú ar a ngnáthaineolas!

Crá an Scoláire

Chrom an sárscoláire
Ar a leabhair agus leis an aois;
Íota intleachtúil dá chrá.
Shlog siar bolgam mór léinn,
Ach ghargaigh an deoch úd i gcoineascar a shaoil:
A bheatha ar fad caite aige i dtumha a oifige,
B'uaigneach é, gan aige ach
Eolas agus tarcaisne
Mar chéilí leapa.

Éad

Níor mhaith liom bualadh leis
Cé go scaiptear a cháil ó bhéal go béal.
Cé go bhfuil ardmholadh dó i gcluasa an tsaoil,
Caitheann sé scáil ar mo shaolsa.

An cleite is fearr ina sciathán,
Is cleite é i mo shrón.
Fiú má tá sé i bhfad romham ar ród na foirfeachta,
Ní chuirim mo mhallacht air.

Níor ghoid sé thú.
Tréaslaím leis. Déanann sé freastal ort mar is airí ort.
Is é scáthán d'áilleachta é.

Grá úr a phlúch ár seanghrá.
Anois beidh mé mar choinneal gan chéir
Ar feadh i bhfad.
Ní fios dom an mbeidh laethanta chomh hórga céanna
Ag an bPaorach seo arís!

An Deoirín

Scamaill in ard na spéire –
Suaite, brúite, súite
Ag an ngrian is ag an ngaoth.
Scaoileadh deoirín agus
Thit go malltriallach fuarchúiseach;
Le géarú luais is fuinnimh
Shoiprigh é féin ar dhuilleog úr.
Síoda glasuaine, péarla glioscarnach air,
Péarla a shleamhnaigh go dtí a bun agus a
Thit go malltriallach fuarchúiseach;
Le gearú luais is fuinnimh
Bhuail i gcoinne na fuinneoige
Chuaigh ag rásaíocht ansin ar an ngloine
Leis na deora eile tiomsaithe ann.
Drúichtíní allais ag rith le fána
Iad go fras ar chlár éadain an tí.
Bhain an deoirín leac na fuinneoige amach
Is thit go leisciúil neamhshuimiúil
Gur bhuail in aghaidh an talaimh.
Gabhadh spleodar na spéire
I ngaiste láibe.
Ach ar ball ardaíodh in athuair an deoirín.
D'ardaigh cuairt na gréine an deoirín beag seo,
Deoirín beag ár mbeatha.

Aithreachas

A súile gléineacha
A deora duaiseacha
A géarghuí ghoirt
A bhíog is a chorraigh mo chroí.

An smiota gránna gáire
An freagra fuar fonóideach
An dímheas dobhránta
A chuir an ruaig uirthi.

Tháinig duifean i mo ghnúis;
Chuala uaill léanmhar uaignis i m'chluais;
Saoraíodh an fhírinne ó mo chroí
Lasc liom ina diaidh
Agus phóg go dúthrachtach í.

Brón mo Chara

Tá tú
Buailte ag tinneas
Dothuigthe.
An cumha i do chroí
Ag déanamh angaidh.

Can agus caoin do bhrón;
Cuir amach é.
Triomóimidne do dheora
Agus cuirfimid loinnir an áthais
Ag rince arís i do ghnúis.
Pribhléid í dúinne, do chairde,
Go bhfliuchfá ár gciarsúir!

An tUaireadóir

Is deacair glacadh leis go bhfuil m'uaireadóir
briste.
Bhí sé lonrach in ainneoin a mhóraoise
Agus chomh riachtanach céanna agam leis an gcéad
lá riamh.
Bronntanas Nollag a bhí ann a fuair mé i mí na
gCuach:
Mhéadaigh an mhoill mo dhúil ann.
Bhí mé ag síorsmaoineamh ar an uaireadóir uaidh
sin amach,
Cé go mbíodh sé scaití sa bhaile agus mé ar shiúl,
Nó i dteach carad nó in áiteanna eile.

Is deacair glacadh leis nach ndeiseofar m'uaireadóir
go brách,
Agus nach ndéanfaidh mé fiodrince lucháireach leis
arís.
Níl ceannach ar sheoid d'uaireadóir mar é –
Tasice mo chuimhní, uaireadóir mo bheatha
Ar eagraíodh gach uile rud beo lena chúnamh:
Níl athghabháil ar an sonas a bhí.
Tá an todhchaí go léir san aimsir chaite.